AF381505

RÉUSSIR UN ENTRETIEN D'ÉVALUATION

10 conseils pour un bilan professionnel constructif

Par Caroline Cailteux

50MINUTES.fr

RÉUSSIR UN ENTRETIEN D'ÉVALUATION

- **Problématique ?** Comment préparer un entretien d'évaluation et quelles attitudes adopter afin de transformer ce bilan professionnel en feed-back constructif pour le manager et pour la personne évaluée ?
- **Utilité ?** Évaluer les résultats sur une période donnée et fixer de nouveaux objectifs en vue d'améliorer les compétences de l'employé tout en offrant un cadre d'échange favorable au développement professionnel.
- **Contexte professionnel ?** Gestion des ressources humaines, management, développement professionnel.
- **FAQ ?**
  - À quelle fréquence dois-je organiser des entretiens d'évaluation ?
  - Comment mettre en place un climat de confiance lors de l'entretien ?
  - Peut-on parler de tout durant l'entretien ?

- Mon entretien d'évaluation est négatif, comment dois-je réagir ?
- Comment réagir devant un employé réfractaire à toute évaluation ?
- Comment repérer les obstacles qui entravent l'atteinte des objectifs fixés dans le cadre de l'évaluation et aider les personnes à les dépasser ?

Moment souvent redouté, l'entretien d'évaluation est néanmoins un passage obligatoire pour tous les salariés. Son appellation réveille à elle seule notre peur d'être jugé(e). Pourtant, cet entretien est un lieu d'échange privilégié entre le manager et son collaborateur. Rondement mené, il participe en effet au bon développement de l'entreprise ainsi qu'au bien-être de chacun.

Alors, comment s'y préparer afin de sortir de l'entretien satisfait et motivé ? Comment créer un environnement favorable à l'échange ? Comment rassurer l'employé et le mettre à l'aise pour qu'il délivre et récolte les informations qui l'aideront à progresser et à entrevoir de nouvelles perspectives dans son travail ? En 50 minutes, nous vous livrons les clés de réussite pour en finir avec les appréhensions liées à cette étape, et pour transformer cet entretien en une rencontre constructive. Ce livret s'adresse à tous les acteurs qui jouent un rôle au cours de cette démarche : employeurs, managers, DRH et bien entendu employés. Les conseils ici rassemblés vous permettront de tirer le meilleur de vos entretiens d'évaluation, processus dans lequel l'aspect humain compris dans la GRH prend tout son sens.

B.A.-BA DE L'ENTRETIEN D'ÉVALUATION EFFICACE ET DÉCONTRACTÉ

L'ÉVALUATION, UN SUPPORT COMPLEXE

L'évaluation en quelques mots

Généralement organisé une fois par an, l'entretien d'évaluation est l'occasion pour le DRH (ou l'un de ses collègues du même département) et l'évalué de dresser le bilan d'une période donnée et de fixer les objectifs d'évolution de la période à venir. Ce tête-à-tête privilégié peut poursuivre plusieurs objectifs, à savoir :

- définir les attentes du manager, de l'évalué et des clients ;
- identifier les problèmes rencontrés en examinant (de façon bienveillante) les réalisations ;

- observer les évolutions, analyser les points forts et faibles de l'évalué, valoriser les actions passées, estimer les ajustements nécessaires et dessiner les perspectives à venir ;
- faire le point sur la motivation et la carrière d'un employé ;
- déterminer les besoins pour motiver, faire progresser le salarié et élaborer un plan de développement et de formation ;
- clarifier les malentendus et, au besoin, réinstaurer une relation constructive.

Les remarques et notes sur les performances et compétences de l'employé sont rapportées dans une grille d'évaluation.

MISE EN GARDE

L'évaluation ne doit pas être :

- un lieu de sanction ou d'agression, où l'on règle ses comptes ;
- le procès d'une personne. Le salarié ne doit pas être jugé sur ce qu'il est, aussi le DRH est invité à analyser de façon objective les faits ;

- un monologue. Le salarié doit pouvoir s'exprimer sur ses frustrations et ses difficultés, et être écouté par son supérieur ;
- une source de stress, mais au contraire un endroit d'épanouissement.

Les différents types d'évaluation

L'évaluation d'un salarié ne doit pas se prendre à la légère. Il s'agit d'un processus complexe que le manager doit accompagner d'une réflexion préalable. En effet, il est impératif de définir les éléments qui seront évalués, ainsi que la démarche utilisée afin de mener l'entretien dans la bonne direction et d'offrir un feed-back constructif à l'employé. Dans leur ouvrage *Méthodologie du recueil d'informations*, les spécialistes Jean-Marie De Ketele et Xavier Roegiers expliquent que c'est la nature des décisions que nous envisageons de prendre à l'issue de l'évaluation qui fixe l'objectif et donc la procédure à employer (décisions d'amélioration d'un processus, de poursuite ou non d'un projet, de promotion, etc.). Plus largement, selon ces deux auteurs, l'évaluation peut servir à :

- **orienter.** Elle précède souvent l'action, son enjeu est de décider si les acquis d'une étape sont assimilés avant de passer à la suivante. Au terme de l'évaluation, celui qui mène l'entretien sera, par exemple, en mesure de percevoir si l'évalué est apte ou non à occuper une fonction. La personne répond-elle aux exigences du profil ? Doit-elle être réorientée ou formée ? Les démarches privilégiées dans le cadre de ces évaluations sont l'analyse des besoins ainsi que le diagnostic des forces et des faiblesses de la personne ;
- **réguler.** L'objectif est de récolter des informations utiles pour corriger un fonctionnement en vue d'améliorer les performances. Au terme de l'entrevue, l'évaluateur et l'évalué s'accordent sur les actions à mettre en œuvre pour ajuster le processus. Dans notre exemple, le manager diagnostiquera les forces et les faiblesses du rôle que joue le salarié au sein du système opérationnel ainsi que les stratégies établies ;
- **certifier.** Cette forme d'évaluation a souvent lieu en fin de projet et mène à une attestation de réussite ou d'échec. Elle se centre sur l'étude des résultats (positifs ou négatifs) et le bilan

des acquis (avec la description de ceux maîtrisés ou non). Au terme de cette évaluation, le manager ou le responsable des ressources humaines décidera, par exemple, d'accorder une promotion ou d'embaucher l'évalué en CDI.

Type d'évaluation	Évaluation d'orientation	Évaluation de régulation	Évaluation de certification
Objet de l'analyse	Les ressources	Le processus	Le résultat
Questions à envisager au terme de l'entretien	Quelles sont les compétences nécessaires à l'exercice de la fonction ?	Est-ce que les stratégies adoptées pour activer les compétences de l'employé sont adéquates ? Faut-il procéder à des ajustements ?	Comment puis-je valoriser les réussites et donner un feedback correctif en cas d'échec ?

Le feed-back de l'employé peut s'effectuer au travers de ces trois types d'évaluation. La forme à privilégier varie en fonction de l'objectif que vous attribuez à l'évaluation, du sens que vous lui donnez et du moment où elle se déroule.

Quel évaluateur ?

La nature de l'évaluation diffère selon le rôle et la place qu'occupe l'évaluateur dans l'entreprise. Celle-ci peut être réalisée par :

- **soi-même (auto-évaluation)**. La personne analyse elle-même ses points forts et ses faiblesses en vue de se fixer ses propres objectifs. Cette démarche va de pair avec la motivation, car l'employé s'implique dans le processus et se prépare à l'entretien annuel ;
- **un supérieur hiérarchique ou un responsable.** Puisqu'il s'agit de l'évaluation la plus répandue, notre livret se focalisera sur elle. Elle peut être réalisée par le n+1 (supérieur direct) ou le n+2 ;
- **un des pairs.** Ce type d'entretien est très utile pour évaluer la crédibilité des produits ou services délivrés par un salarié. Lorsque le supérieur hiérarchique n'est pas un expert du

domaine dans lequel travaille l'employé qu'il évalue, il fait alors appel à d'autres spécialistes pour jauger la qualité des réalisations. C'est, par exemple, le cas dans les comités de rédaction avant une publication ou dans le secteur de la recherche ;

- **un des subordonnés.** Cela permet de bénéficier d'un retour sur la vision que partagent les employés à l'égard de la hiérarchie et de ses méthodes de management ;
- **un client ou un consommateur.** Utile si l'on désire mesurer la satisfaction des clients, elle offre un aperçu des points à améliorer au niveau du produit ou du service proposé ;
- **une combinaison de différents évaluateurs** comme l'évaluation à 360 degrés.

L'ÉVALUATION 360 DEGRÉS

Le 360 degrés évalue les compétences d'un salarié à l'aide de plusieurs indicateurs : ses collègues, ses supérieurs, voire même ses clients. Les personnes concernées, y compris l'évalué, remplissent le même questionnaire et notent le travail de ce dernier. Les réponses des observateurs sont anonymes et une moyenne des résultats est calculée.

Ce type d'évaluation sert à recueillir une appréciation plus complète et objective que celle que fournissent habituellement les méthodes traditionnelles. L'évalué peut ainsi comparer sa perception avec celle qu'ont ses collègues de son travail.

ÉVALUER LA PERFORMANCE

Dans leur ouvrage *The Substantive Nature of Job Performance Variability. In Individual Differences And Behavior in Organisations*, les professeurs de renom, Campbell, Gasser et Oswald, expliquent que, pour évaluer ses propres performances ou celles de ses subordonnés, il faut envisager l'ensemble des actions et/ou comportements pertinents au sein de l'entreprise. La performance ne se résume pas aux simples ressources mobilisées ou au résultat des actions. Il s'agit des actions en tant que telles qui rendent compte de la contribution du salarié aux objectifs de l'entreprise. Au-delà du résultat qui n'est pas toujours totalement sous le contrôle de la personne (absence de moyens, collaborations infructueuses, incidents contextuels, etc.), il est important de se concentrer également sur le comportement manifesté et les démarches déployées.

Le modèle multifactoriel de Campbell et de ses associés identifie huit composants à prendre en considération dans le domaine de la performance (ne pas tenir compte des composants liés aux activités de supervision, si l'évaluation ne concerne pas ce type de fonction) :

- les compétences spécifiques à la fonction ;
- les compétences non spécifiques à la fonction ;
- les compétences relatives à la communication écrite et orale ;
- la démonstration d'efforts dans l'activité ;
- le maintien d'une discipline personnelle ;
- la collaboration et la contribution aux performances de l'équipe et des collègues ;
- les compétences dans les activités de supervision et de leadership ;
- les compétences en management/ administration.

Le tableau suivant reprend ces huit éléments. Les questions ici formulées facilitent considérablement la préparation à l'entretien d'évaluation, que vous soyez l'évaluateur ou l'évalué. Privilégiez par ailleurs certains aspects en fonction des décisions vous souhaitez prendre et du type d'évaluation que vous envisagez.

	Évaluateur
COMPÉTENCES SPÉCIFIQUES	• Quelles sont les compétences qui ont été définies comme prioritaires dans le poste de l'évalué ?
	• Pour chacune de ces compétences, quels comportements ai-je pu observer (des actions, des idées ou des attitudes relationnelles) ?
	• Quel niveau de maîtrise attribuerai-je aux comportements absorbés ?
	• Où se situent les forces et faiblesses de la personne évaluée ?
	• Quelles sont les actions correctives ou les formations qui pourraient être mises en place pour aider la personne à s'améliorer ?
COMPÉTENCES NON SPÉCIFIQUES	• La personne évaluée a-t-elle participé à des activités ou à des projets complémentaires à sa fonction initiale ?
	• Si oui, a-t-elle démontré d'autres compétences dans ces situations ? Lesquelles ? Quels comportements m'ont permis de l'identifier ?

	Évalué
COMPÉTENCES SPÉCIFIQUES	• Quelles sont les compétences définies comme prioritaires dans ma fonction ?
	• Quelles sont les situations dans lesquelles j'ai pu démontrer chacune de ces compétences ? Qu'est-ce que j'ai entrepris concrètement ?
	• Quel est mon niveau de maîtrise concernant les compétences attendues ? Suis-je à l'aise dans la mise en oeuvre de cette compétence quel que soit le contexte ?
	• Où se situent mes forces et mes faiblesses ?
	• Quelles solutions pourrais-je mettre en place et de quelles formations aurais-je besoin pour m'améliorer ?
COMPÉTENCES NON SPÉCIFIQUES	• Quelles sont les activités et les projets auxquels j'ai participé en dehors de cadre initial de ma fonction ?
	• Quelles compétences ai-je pu illustrer à cette occasion ? De quelle façon ?

Exemple de grille pour évaluer les compétences

Évaluation du niveau de maîtrise, d'apprentissage, ainsi que des compétences sur la base d'observations concrètes	Aucune expérience	En apprentissage	Capable en situation connue	Capable face aux nouvelles situations	Appropriation et maîtrise quel que soit le contexte
PROSPECTION COMMERCIALE • a structuré sa démarche avant d'entamer la prospection • a identifié une nouvelle niche de clients potentiels • a correctement cerné les besoins des clients					

VENTE • a augmenté ses ventes sur les produits classiques • a contribué à la croissance des ventes en proposant une nouvelle présentation du produit					
CONSEIL • a conseillé les clients sur la nouvelle gamme de services sous la supervision de son mentor					
AUTRE(S) COMPÉTENCE(S)					

	Évaluateur
COMMUNICATION	• Dans quelles situations ai-je constaté les compétences de communication orale et écrite de la personne évaluée ? • Quels sont les moyens de communication qu'elle maîtrise ? Sur quels points devrait-elle s'améliorer ? Quelles sont mes suggestions ?
SUPERVISION	• En quoi la personne évaluée a-t-elle contribué à la performance de ses subordonnés ? Quels sont les faits qui me laissent penser que son mode de leadership est approprié et efficace (fixer des objectifs, influencer l'adoption des comportements attendus, récompenser ou sanctionner de façon appropriée) ? Quels sont mes conseils ?
EFFORT	• La personne évaluée fournit-elle des efforts au travail ? S'est-elle montrée constante dans les efforts fournis ? A-t-elle produit des efforts supplémentaires, au-delà de ce qui était prescrit ? La personne sait-elle travailler dans des conditions difficiles (période de stress, intensité, etc.) ? Qu'est-ce qui la motive ou démotive face à l'effort ?

	Évalué
COMMUNICATION	• Quelles sont les situations dans lesquelles j'ai le sentiment d'avoir démontré mes aptitudes à communiquer ?
	• Quels sont les moyens de communication que je maîtrise bien ? Sur quels points pourrais-je m'améliorer ? Quelles sont mes propositions ?
SUPERVISION	• Quelles actions pourrais-je décrire pour illustrer mes qualités de leadership et ma contribution à la performance de mes surbordonnés ? Quels sont mes besoins (moyens techniques, personnel supplémentaire, formation en gestion de conflit, etc.) ?
EFFORT	• Dans quelle mesure ai-je le sentiment d'avoir fourni les efforts suffisants au travail ? Est-ce que je me suis montré constant dans les efforts fournis ? Ai-je produit des efforts supplémentaires, au-delà de ce qui était prescrit ? Qu'est-ce qui me permet d'en attester ? Qu'est-ce qui motive ou démotive face à l'effort ?

	Évaluateur
MANAGEMENT / ADMINISTRATION	• Quels sont les comportements et les faits que j'ai pu constater concernant les aptitudes en management de la personne évaluée (indépendamment des aspects de supervision directe repris ci-dessus) ?
	• A-t-elle correctement formulé les objectifs à atteindre ?
	• A-t-elle correctement organisé les ressources ou le travail des personnes ?
	• Côté administration, l'évalué a-t-il contribué au développement du service (accroître les ressources humaines, finacières, matérielles, etc.) ?

	Évalué
MANAGEMENT / ADMINISTRATION	• Dans quelle situation ai-je illustré mes qualités de leader ?
	• Ai-je contrôlé les évolutions des processus ?
	• Ai-je contribué à résoudre des problèmes ou des situations de crise afin de permettre l'atteinte des objectifs ?
	• Ai-je obtenu des ressources supplémentaires (décroché des contrats, généré du profit, obtenu des outils ou autres ressources par le biais de partenariat, etc.) ?

	Évaluateur
DISCIPLINE	• Ai-je constaté des comportements négatifs ou contre-productifs tels que la consommation d'alcool ou de substances illicites sur le lieu de travail, des infractions aux règlements, un absentéisme excessif ? Comment vais-je aborder la question ?
	• CONSEIL : consultez le service des ressources humaines, le conseiller psychologue ou un médecin afin de préparer votre manière d'aborder la question lors d'un entretien.
COLLABORATION	• La personne évaluée aide-t-elle et soutient-elle ses collègues ? Facilite-t-elle le travail en équipe ?

	Évalué
DISCIPLINE	• Ai-je eu des comportements négatifs et contre-productifs qui pourraient m'être reprochés au cours de l'entretien ? Quelle attitude vais-je adopter si la question est abordée en entretien ?
	• CONSEIL : si vous avez des problèmes personnels, parlez-en de façon confidentielle avec des personnes de confiance, votre conseiller psychologue ou votre médecin de travail.
COLLABORATION	• Quelles sont les situations dans lesquelles j'ai contribué à la performance de mes collègues par des collaborations efficaces, en leur apportant aide, support, etc. ?

Fixer les objectifs

Afin qu'une personne compétente soit performante et réponde aux attentes de l'entreprise, il est important d'orienter ses actions en définissant des objectifs précis. Imaginez que les entraîneurs de deux équipes de football se contentent de demander à leurs joueurs de frapper dans le ballon. Ces derniers auront beau dribler comme des as, le match n'aura aucun intérêt. Par contre, si vous leur donnez comme enjeu de mettre le ballon un maximum de fois dans le goal de l'adversaire, vous motiverez vos joueurs. Il en va de même au travail : pour pousser à la performance, il est nécessaire de donner un sens à nos actions entreprises et de les inscrire dans la lignée des objectifs de l'entreprise. Que vous soyez l'évaluateur ou l'évalué, assurez-vous que chaque réalisation réponde aux objectifs de la société, de l'équipe et de la fonction en vous posant les questions suivantes :

- Quels sont les objectifs communs à l'ensemble des salariés pour répondre aux attentes de l'entreprise ? Quels sont les objectifs communs des membres de l'équipe pour mettre ces stratégies en œuvre ? Quels sont les objectifs individuels pour réaliser ce qui est attendu au niveau opérationnel et stratégique ? Les objectifs individuels sont-ils cohérents avec les collectifs ?

- Quels types de résultats souhaitez-vous obtenir ? De quelle nature (produit, service) ? Avec quelle intention (profit, production massive, innovation, notoriété, service collectif, mise en application de législations, etc.) ?
- Quels éléments prouvent la bonne réalisation des objectifs ? Comment mesurer les écarts entre ce que vous désirez et les résultats obtenus ?
- Comment récolter ces informations (interview, questionnaire, observation, analyse de données, etc.) ? À quelle fréquence ? Quel coût cela représente-t-il ? Ces informations sont-elles facilement accessibles ?
- Les critères que vous avez choisis pour vérifier l'atteinte des objectifs sont-ils efficaces et pertinents ? Ou devez-vous choisir d'autres indicateurs ?

<u>**Méthode SMART**</u>

La méthode SMART sert à formuler des objectifs de façon intelligente en vue d'être plus facilement appréhendé par les employés. Pour cela, ces derniers doivent être :

- (S) spécifiques, c'est-à-dire clairs et précis afin d'être compris par tous ;
- (M) mesurables grâce à des indicateurs. Vous pourrez ainsi savoir où vous en êtes ;
- (A) atteignables, tout en restant ambitieux afin d'être source de motivation ;
- (R) réalistes, en cohérence avec la politique de l'entreprise et la fonction de l'employé ;
- (T) temporels, autrement dit fixés dans le temps avec des deadlines et des délais intermédiaires.

Définir les critères de performance

Divers indicateurs servent à mesurer et à évaluer la performance. En effet, selon Jean-Marie De Ketele et Xavier Roegiers, évaluer c'est « confronter un ensemble d'informations à un ensemble de critères (référentiel) » (*id.*, p. 33).

Tout comme on utilise un mètre pour mesurer et une balance pour peser les objets, le manager doit au préalable définir des critères pertinents en fonction de la culture de son entreprise. Il est également nécessaire d'établir des indices différents en fonction des postes et des missions. Demandez-vous ce que vous souhaitez évaluer. Quels critères voulez-vous mettre en avant ? Par exemple, utilisez des questionnaires pour sonder la satisfaction des clients, l'analyse de données pour calculer des quantités de production ou le profit, des interviews pour évaluer la qualité d'un processus, des statistiques pour estimer des écarts par rapport à une norme définie, etc. Les indicateurs constituent des points de repère qui estimeront les écarts entre les résultats attendus et ceux qui sont réels.

Selon Claude Lévy-Leboyer, professeur de psychologie du travail, il existe deux types d'indicateurs : les indicateurs objectifs et les indicateurs subjectifs. Ceux du premier type peuvent être le respect d'un budget, l'estimation de quantités produites, la fréquence, le respect de délais, le nombre d'erreurs, le niveau de satisfaction des clients, la qualité des produits fournis, le respect de la sécurité, etc. Cependant, le salarié ne contrôle pas toujours ces éléments, aussi est-il judicieux de vérifier la pertinence de l'analyse de ces indicateurs en regard de la fonction de l'évalué (dans le social par exemple). Le second type, celui des indicateurs subjectifs, semble le plus employé lors d'une évaluation. Parmi les plus courants, on retrouve entre autres les échelles de notation des comportements avec :

- **les échelles graphiques**, par exemple :

Totalement
insatisfaisant |·······|·······|·······|·······| Très
satisfaisant

- **les échelles comportementales appelées « BARS »** (*Behaviorally Anchored Rating Scales*) qui décrivent des comportements réels pour chaque niveau de l'échelle de notation (en principe élaboré par des experts de la fonction). Dans son ouvrage *Évaluation du personnel. Quels objectifs ? Quelles méthodes ?*, Claude Lévy-Leboyer présente un exemple intéressant de la dimension « relation avec la clientèle » d'un employé de banque ;

Échelon supérieur de l'indicateur	Échelon inférieur de l'indicateur
« Très attentif pour conseiller les clients et prendre en charge leurs problèmes. Toujours patient et prêt à donner les explications nécessaires même à des clients difficiles. Cherche à réduire l'attente au guichet et à aller au-devant des besoins des consommateurs. »	« Souvent à l'origine d'incidents avec les clients par mauvaise volonté ou par incompétence. Part du principe que le client n'a pas besoin de comprendre les opérations effectuées. »

- **les échelles d'observation « BOS »** (*Behavior Observation Scale*) représentent une forme améliorée des BARS. Elles décrivent de façon plus synthétique des comportements pour les différents niveaux de l'échelle et invitent l'évaluateur à indiquer la fréquence d'observation du comportement chez l'évalué. Par exemple :

Presque jamais 1 – 2 – 3 – 4 – 5 Presque toujours

Presque jamais 1 – 2 – 3 – 4 – 5 Presque toujours

Presque jamais 1 – 2 – 3 – 4 – 5 Presque toujours

Presque jamais 1 – 2 – 3 – 4 – 5 Presque toujours

CLIN D'ŒIL AUX MANAGERS

- Adaptez l'importance des critères en fonction des postes. Par exemple, la ponctualité est un principe essentiel dans une activité commerciale, alors que, pour un comptable, le nombre d'erreurs évitées comptera davantage.
- Si les priorités varient d'un métier à

l'autre, elles sont également influencées par les objectifs du service ou du secteur d'activité et par le contexte. Les priorités du service financier et les critères de réussite (croissance, profit, etc.) divergent de celles d'un service social (moyens mis en œuvre, pertinence des projets, qualités relationnelles, etc.).

- Les priorités de votre entreprise évoluent avec le temps : celles d'aujourd'hui diffèrent peut-être de celles d'il y a dix ans. Réajustez régulièrement les indicateurs choisis et gardez à l'œil leur pertinence contextuelle.
- Ne perdez pas de vue que vous évaluez des personnes en perpétuelle évolution. Empruntez des indicateurs de performance différents pour un débutant et pour un employé expérimenté.

Au-delà des critères analysant les processus et les résultats, abordez également celui de la motivation. Quels sont les leviers qui motivent au sein de votre entreprise ? Le partage de valeurs communes, la stabilité, la rémunération, les possibilités de formation, les possibilités d'évolution de carrière, l'autonomie dans la fonction, etc. ? Quels sont les éléments à préserver ou faire évoluer pour maintenir la motivation ? Il est important pour l'évalué de définir ses propres critères de motivation et pour l'évaluateur de s'y intéresser afin de garder ses troupes déterminées.

L'ENTRETIEN D'ÉVALUATION : MODE D'EMPLOI

Le cadre de l'entretien

Afin de privilégier le sentiment de sécurité, de respect, et d'instaurer un climat de confiance, veillez à informer au préalable la personne dont vous ferez l'évaluation sur :

- **la date et l'heure, le lieu et la durée de l'évaluation**. Prévenez environ 15 jours à l'avance afin que le concerné puisse se préparer au mieux ;
- **les modalités de préparation et de recours** (avez-vous un questionnaire d'auto-évaluation ou un document type à faire compléter ?) ;
- **le but de l'évaluation** dans le projet global de l'entreprise ;

- **l'objet exact de l'évaluation** : les compétences liées à sa fonction, à la performance de l'équipe, sa façon de procéder, ses réalisations, les incidents critiques, son comportement au travail, etc. ;
- **les moyens d'évaluation** : échelle de notation, liste de comportements observés sur le terrain, autre référentiel ;
- **le déroulement de l'entretien** avec ses différentes étapes.

CLIN D'ŒIL À L'EMPLOYEUR

- Organisez l'entretien durant une période calme pour l'entreprise afin que votre jugement ne soit pas troublé par des aspects extérieurs et que la rencontre se déroule dans un climat apaisé.
- Ne prenez pas la personne au dépourvu en la convoquant la veille à un entretien d'évaluation, cette attitude pourrait générer des résistances.
- Trouvez un lieu neutre dans lequel vous ne serez pas dérangé.

- Préparez-vous mentalement pour être dans de bonnes dispositions et adopter une attitude bienveillante.
- Prévoyez un temps supplémentaire (entre 1 h et 1 h 30) pour vous rendre disponible au cas où l'évalué aurait des questions ou des remarques à formuler.

Une préparation mutuelle

Une grande partie de la réussite de l'entretien provient de la préparation, aussi arriver les mains dans les poches (pour l'évalué et l'évaluateur) est le meilleur moyen pour ne rien en retirer. Afin d'établir un dialogue constructif, chaque partie doit se préparer de son côté et, pour se faire, tenir compte des critères de performance qui seront étudiés (cf. <u>Évaluer la performance</u>). Plusieurs documents peuvent être utiles à ce stade du processus :

- les informations écrites reçues au sujet du collaborateur (lettres de remerciements ou de réclamations, notes de service, etc.) ;
- les documents informatiques ou graphiques (tableau d'absences, de résultats, etc.) ;

- le CV de l'employé ;
- l'entretien d'évaluation de l'année précédente (s'il existe) ;
- l'auto-évaluation de l'employé (à réaliser par lui-même avant l'entretien) ;
- la grille d'évaluation pour l'année actuelle. Le manager, qui la remplira durant l'entretien, peut transmettre à l'employé une version vierge avant la rencontre afin que ce dernier prenne connaissance des compétences évaluées et prépare ses arguments.

Étape par étape

Une fois la préparation effectuée, il est temps de vous lancer. Mais comment donc se déroule ce fameux entretien d'évaluation ? Que vous soyez l'évaluateur ou l'évalué, le tableau ci-dessous pourrait vous être bien utile !

Étapes	Actions	Par qui ?
Accueil	• Mettre à l'aise la personne afin d'établir une relation de confiance dés le début. • Informer le salarié sur le déroulement de l'entretien. • Rappeler les objectifs de l'entretien d'évaluation. • Interroger le salarié sur ses attentes par rapport à l'entretien.	Le manager
Bilan des résultats et de la performance globale du collaborateur	• Analyse des résultats obtenus par rapport aux objectifs fixés. • Analyse des succès et difficultés rencontrés dans la réalisation de ces objectifs. • Évaluation des compétences techniques et comportementales nécessaires au poste. • Proposition d'un plan d'action relatif à l'évolution, au développement et/ou à la formation de l'évalué.	Les deux parties

Étapes	Actions	Par qui ?
Négociation des objectifs pour l'année à venir	• Présentation des objectifs généraux de l'entreprise, de sa direction, de son service, etc. • Définition et rédaction des objectifs individuels selon la méthodes SMART.	Le manager puis dialogue entre les deux parties pour définir les objectifs individuels
Définition des objectifs de carrière	• Discussion sur le projet professionnel du collaborateur (possibilité de formation, de promotion, de mobilité géographique, etc.)	Les deux parties

Étapes	Actions	Par qui ?
Autres questions	• Échange autour de problèmes divers observés dans l'entreprise : ambiance, surcharge de travail, etc.	L'évalué
Conclusion de l'entretien	• Vérifier que tous les points essentiels ont été abordés. • Résumer les décisions prises au cours de l'entretien, les actions correctives et les nouveaux objectifs. • Rappeler les engagements réciproques et les suites à donner par chacun à court terme. • Fixer la date du prochain entretien dans le cadre du suivi. • Faire signer la fiche d'évaluation par les deux parties, pour preuve d'accord.	Les deux parties

Idéalement, vous devez quitter l'entretien sur un accord « gagnant-gagnant », mais il arrive malheureusement que ce ne soit pas toujours le cas. Cela ne signifie pas pour autant que la réunion est un échec, prenez du recul et gardez le positif.

> « Pour résumer, évaluer c'est clarifier, communiquer, motiver, développer, responsabiliser, donner du sens et valoriser. »

TOP CONSEILS

DU CÔTÉ DE L'ÉVALUATEUR

- **Mettez votre interlocuteur à l'aise**. Les premières secondes de l'entretien sont importantes et donnent le ton pour la suite. Dès lors :
  - accueillez-le de façon bienveillante (demandez-lui comment se sont déroulées ses dernières vacances, s'il a passé un bon week-end, etc.) ;
  - ajustez votre poignée de main ;
  - souriez, ayez une attitude ouverte ;
  - invitez la personne à s'asseoir ;
  - habillez-vous selon le *dress code* entendu dans votre entreprise (chemise propre, cravate, etc.) en signe de respect ;
  - adoptez un ton ni trop chaleureux ni trop agressif.
- **Interrogez votre interlocuteur** afin d'alimenter le dialogue :

Lorsque vous évoquez un sujet délicat	« Et vous, quel est votre avis ? » « Que pensez-vous de cette difficulté, de ce sujet ? »
Lorsque la personne affirme des idées qui vous surprennent ou que vous souhaitez approfondir	« Vous croyez ? », « C'est-à-dire ? », « Sur quels critères vous basez-vous ? », « Par exemple ? », « Dans quelle mesure pensez-vous cela ? », « Qu'entendez-vous par là ? »
Si vous vous interrogez sur l'un ou l'autre point	« Comment se fait-il que… ? », « Qu'est-ce qui vous à amené à décider cela ou agir de la sorte ? »
Lorsque la personne émet un jugement	« Qu'est-ce qui vous fait penser que… ? »

- **Valorisez vos salariés afin de les motiver**. Robert Eisenberger, professeur en psychologie à l'université de Houston, et Florence Stinglhamber, docteure en sciences psychologiques, ont mené plusieurs études invitant à valoriser les employés plutôt qu'à les dévaloriser. À force d'enquêtes menées en interne, les salariés se représentent plus ou moins bien dans quelle mesure l'entreprise et leur supérieur valorisent leurs contributions. Le soutien qu'ils percevront influencera leur bien-être et, entre autres, leur implication et leur performance au travail. Si vous évaluez votre personnel, sachez qu'il en fera de même à votre sujet. Valorisez ses contributions, démontrez de l'intérêt envers lui, félicitez-le. Plus les salariés vous sentiront concernés par eux et ce qu'ils réalisent, plus ils s'impliqueront. Privilégiez les formulations de ce type : « J'ai remarqué que tu as fait… », « Merci d'avoir fait… », « Félicitations pour la clarté du dossier que tu m'as remis… », « Tu t'es vraiment amélioré au niveau commercial, j'ai eu un très bon feed-back des clients x et y », « Merci d'avoir aidé Pierre à boucler le dossier hier soir… », etc. Plus largement, n'attendez pas l'entretien d'évaluation pour donner un feed-back positif à vos collaborateurs.

- **Choisissez bien vos mots !** Joseph A. DeVito, Gilles Chassé et Carole Vézeau, auteurs de *La Communication interpersonnelle,* nous recommandent de :
  - parler des situations plutôt que des personnes, et de préférer les « il y a » aux « tu n'as pas » ;
  - formuler positivement la critique. Par exemple, « cette formulation n'est pas bonne » devient « je préfère la seconde formulation » ;
  - adopter la critique constructive. Par exemple, « tu rédiges mal » devient « tu devrais revoir la structure de ton rapport afin qu'il soit plus compréhensif pour tes collègues » ;
  - ménager les susceptibilités. Par exemple, « ton texte est trop long » devient « pourquoi ne supprimerais-tu pas certains passages de ton texte pour qu'il soit plus fluide ? » ;
  - être précis. Par exemple, « tu as fait du mauvais boulot » devient « tes conclusions sont trop vagues, elles devraient apparaître plus clairement ».

- Montrez-vous empathique.
- Évitez de réprimer l'émotion exprimée en disant « ne pleurez pas », « ne vous énervez pas pour cela », « ne soyez pas triste, ce n'est pas si grave », « ne vous inquiétez pas, vous finirez par être promu(e) », etc.
- Restez à l'écoute et ne parlez pas de vous : « j'ai vécu une situation similaire… »
- Interrogez la personne sur ses ressentis. « Y a-t-il d'autres aspects que vous souhaitez que nous abordions ensemble ? », « Voulez-vous qu'on en parle ? », « Qu'est-ce qui vous contrarie ? », etc.

DU CÔTÉ DE L'ÉVALUÉ

- **Assurez-vous d'avoir bien compris l'objet de l'entretien**. L'enjeu de l'évaluation orientera les décisions qui vous concerneront à l'issue de celui-ci, il est donc fondamental de vous engager dans le processus : évaluez vos compétences pour vous orienter dans une fonction, déterminez votre fonctionnement et les ajustements nécessaires, statuez sur votre niveau de performance et votre accès à une prime ou un autre poste, etc.

- **Préparez-vous.** Prenez le temps de faire le point sur vos compétences, vos réalisations, les difficultés rencontrées et les solutions que vous pourriez proposer, les points délicats que vous souhaiteriez aborder et la façon de les formuler constructivement.

- **Interagissez durant l'entretien.** Bien que ce soit votre supérieur qui vous évalue, cela ne signifie pas que vous devez rester passif. Adoptez une attitude active, en formulant, par exemple, des idées ou des solutions : votre implication dans l'entretien prouvera votre motivation. Si vous avez un tempérament introverti, préparez une note à soumettre à l'évaluateur et demandez-lui d'en prendre connaissance.

- **Maîtrisez votre *body language*.** Regardez votre interlocuteur dans les yeux, soignez votre posture, tenez-vous droit, la tête haute, soyez confiant. Si vous vous sentez stressé, essayez de respirer calmement et de canaliser vos gestes afin qu'ils soient le plus harmonieux possible. Enfin, ne vous rapprochez pas trop de l'évaluateur en exprimant vos impressions, sans toutefois installer trop de distance entre vous. Le juste milieu favorisera la dynamique de l'échange.

- **Ne restez pas dans le flou.** Si vous n'avez pas compris ce que l'évaluateur vous exprime, demandez-lui de répéter ou de reformuler. Ne quittez pas l'entretien sans avoir assimilé les conclusions de l'évaluateur : elles sont primordiales pour la suite des événements.

- **Évitez de critiquer vos collègues.** Exprimez ce que vous ressentez dans la situation et décrivez le comportement à l'origine de votre mécontentement. Par exemple, « je suis contrariée lorsque Nadine met la radio dans le bureau car cela m'empêche de me concentrer. Je souhaite que nous en parlions. Que me conseillez-vous ? » La meilleure des solutions reste d'en parler directement aux concernés.

L'ATTITUDE DU GAGNANT

Découvert par Robert Rosenthal (psychologue américain, né en 1933), l'effet Pygmalion est une prophétie autoréalisatrice qui consiste à augmenter les chances de succès d'un individu en émettant des croyances positives au sujet de ses capacités. Ainsi, en vous imaginant réussir, vous adopterez inconsciemment des comportements qui conditionneront l'atteindre votre objectif.

L'effet inverse est appelé l'effet Golem. Par exemple, si vous êtes persuadé que l'entretien se déroulera mal, vous afficherez une attitude négative durant celui-ci de sorte que votre conviction initiale devienne réalité.

FAQ

À QUELLE FRÉQUENCE DOIS-JE ORGANISER DES ENTRETIENS D'ÉVALUATION ?

Pour de nombreuses entreprises, l'entretien d'évaluation se déroule une fois par an, bien que ce soit aux managers et au DRH de décider ce qui sera le plus efficace et bénéfique pour l'entreprise. Pensez à organiser plusieurs petits entretiens durant l'année afin de dédramatiser l'événement. Vous vous rendrez ainsi davantage disponible auprès des salariés et vous serez plus réactif pour recadrer l'équipe si besoin.

COMMENT METTRE EN PLACE UN CLIMAT DE CONFIANCE LORS DE L'ENTRETIEN ?

Pour créer un climat de confiance dans le cadre de votre entretien, cultivez ce sentiment au quotidien ; cela s'avérera plus efficace que de vous y prendre la veille. En effet, la confiance se construit. Dans leur ouvrage *Les Comportements suscitant la confiance des subordonnés. Un examen de trois déterminants possibles*, Annick Ebacher, Danielle Desbiens et Roland Foucher, chercheurs en psychologie, ont étudié la question et identifié différents comportements à développer en vue de gagner la confiance de vos subordonnés : la constance, l'intégrité, la tenue de promesses, la disponibilité, la compétence, la loyauté, l'équité, la discrétion, l'ouverture, la réceptivité, la précision de l'information, le partage, la délégation de pouvoir et la rétroaction (feed-back). Tâchez de privilégier plusieurs de ces attitudes afin d'inspirer la confiance au sein de vos équipes. Instaurer un climat de confiance influence la satisfaction des salariés, leur rendement, leur engagement dans les processus innovants, leur comportement et le désir d'interagir avec vous. Slim Lambert, auteur de l'ouvrage *Les Secrets du leader manager idéal*, propose des astuces pour développer ce sentiment de confiance :

- ne révélez aucune information confidentielle ;
- ne rendez jamais vos collègues responsables de vos erreurs ;
- soyez attentif à l'équité et évitez le favoritisme ;

- allez à la rencontre des personnes sur le terrain et prenez le temps d'échanger de façon informelle ;
- valorisez les efforts rapidement après leur réalisation ;
- impliquez-vous dans certaines préoccupations quotidiennes qui ne sont pas directement liées à votre rôle de superviseur : souhaitez les anniversaires et les vœux, discutez avec vos employés de l'aménagement du bureau pour plus de confort, participez aux cagnottes pour les anniversaires ou les naissances, etc. ;
- octroyez le droit à l'erreur et accompagnez vos collaborateurs dans une réflexion en vue de les aider à ajuster le tir si nécessaire.

PEUT-ON PARLER DE TOUT DURANT L'ENTRETIEN ?

L'entretien d'évaluation est un lieu d'échange où les personnes concernées doivent pouvoir évoquer tous les points qui leur posent problème. Vous pouvez aborder les points suivant :

- les objectifs qui traduisent les attentes du manager, de l'évalué, des clients, etc., au sein de l'entreprise ;

- les réalisations et les échecs. Il ne s'agit pas de juger mais d'analyser ce qui ne fonctionne pas et pour quelles raisons afin de déployer des solutions efficaces ;
- les besoins matériels ou de formation pour maintenir et améliorer la performance ;
- la motivation, le salaire et les possibilités d'évolution de carrière ;
- les conflits, malentendus ou divers problèmes relatifs au bien-être (mauvaise ambiance, surcharge de travail, mauvais fonctionnement d'outils, etc.).

MON ENTRETIEN D'ÉVALUATION EST NÉGATIF, COMMENT DOIS-JE RÉAGIR ?

Que vous ayez le sentiment d'une issue satisfaisante ou insatisfaisante de l'évaluation, adoptez une attitude constructive. Pour vous montrer « orienté solution », préparez quelques pistes de réflexion en amont : imaginez ainsi des solutions que vous pourriez proposer alors pour faciliter l'atteinte des résultats. En vous comportant en *problem solver*, vous renverrez une image forte, valorisée (par l'évaluateur) et valorisante (pour vous). Au-delà du résultat en tant que tel, il est important que vous cerniez les obstacles rencontrés et évaluiez les processus générant des solutions. Que vous soyez évaluateur ou évalué, le modèle « IDEAL » offre une grille de lecture qui aide à distinguer les grains de sable qui enrayent votre machine.

Modèle IDEAL		Questions pour déterminer où bloque le processus de recherche de solution :
I	**Identifier** les problèmes	La personne a-t-elle identifié les problèmes qui se posaient à elle ?
D	**Définir** et présenter le problème	La personne a-t-elle correctement défini les problèmes, en cohérence avec les représentations de l'organisation et des autres membres de l'équipe ?
E	**Explorer** les stratégies possibles	La personne a-t-elle adéquatement exploré les alternatives ?
A	**Agir** selon ces stratégies	La personne a-t-elle élaboré un plan d'action ?
L	**Regarder en arrière** (*Look back*) et évaluer les effets de vos actions	La personne a-t-elle évalué les effets de ses actions ?

Témoignage

Aline organise une formation à destination de ses collègues afin de les informer des évolutions en matière de réglementation. Elle passe de nombreuses heures à préparer sa présentation, prévoit notamment un Prezi (outil de présentation sur le principe d'un PowerPoint) pour que l'approche soit dynamique. À la veille de son évaluation, c'est l'occasion pour elle de démontrer ses compétences. Lorsqu'elle prend connaissance des avis des participants, Aline affiche une mine déconfite. Ils sont globalement insatisfaits, n'ont pas apprécié le support de communication qui, de leur point de vue, générait une certaine confusion, et n'ont pas le sentiment d'être en mesure d'appliquer la nouvelle réglementation à l'issue de la formation.

Le jour de l'entretien d'évaluation, le manager d'Aline, qui a eu écho du fiasco, est surpris de son attitude, apparemment détachée, suite au récent échec. Aline annonce la couleur d'entrée de jeu dans l'entretien : « Vous êtes sans doute déjà informé de l'échec de la formation sur les nouvelles réglementations. J'ai repensé la formule, et je voulais profiter de l'occasion pour en discuter avec vous. » Alors qu'elle souhaitait démontrer ses talents de formatrice, au cours de l'entretien, Aline surprendra son supérieur par son orientation solution.

Que s'est-il passé ? (Lecture IDEAL)

- I – Directement après la formation, Aline s'est renseignée afin d'identifier les éléments qui n'avaient pas été appréciés dans sa formation. Elle analyse les formulaires d'évaluation et interroge quelques participants.
- D – Elle a défini son problème, constatant qu'il s'agissait d'une problématique de méthode de formation.
- E – Elle a exploré d'autres pistes en interrogeant son entourage et faisant quelques recherches sur Internet.
- A – Elle a mis un plan d'action en œuvre, décidant de choisir une méthode de présentation plus appropriée au contenu. Elle en a d'ailleurs revu le rythme a élaboré différents exercices pour permettre aux participants d'assimiler les nouvelles notions par la pratique.
- L – Après avoir testé sa nouvelle présentation sur deux collègues, dont elle a reçu un retour positif, elle se sent prête à faire face à son nouveau public.

COMMENT RÉAGIR FACE À UN EMPLOYÉ RÉFRACTAIRE À TOUTE ÉVALUATION ?

André Guittet, auteur de *L'entretien. Techniques et pratiques*, propose d'adopter les réactions suivantes face aux différentes attitudes difficiles. Notons que les termes utilisés par le spécialiste correspondent à des étiquettes et non à des diagnostics psychiatriques.

- **Face au paranoïaque :** ne pas alimenter les polémiques ou tenter de justifier les décisions, et rester ferme.
- **Face au pervers :** garder ses opinions et ses émotions pour soi, s'appuyer sur des faits et laisser s'exprimer l'interlocuteur sur le sujet.
- **Face à l'anxieux :** le mettre à l'aise en le valorisant et en l'encourageant.
- **Face au caractériel :** éviter la confrontation directe, en rappelant les règles ou en remettant ses propos directement en cause, et canaliser ses émotions.
- **Face au narcissique :** le laisser prendre la parole, puis fixer des limites en lui expliquant ce qui est acceptable et ce qui ne l'est pas.

- **Face à l'hystérique :** se montrer factuel pour favoriser la prise de recul.
- **Face à l'obsessionnel :** avancer les arguments de façon progressive et laisser le temps à l'interlocuteur de réfléchir sur les preuves tangibles que vous lui avez apportées.
- **Face au dépressif :** relativiser et l'aider à relativiser.

COMMENT REPÉRER LES OBSTACLES QUI ENTRAVENT L'ATTEINTE DES OBJECTIFS FIXÉS DANS LE CADRE DE L'ÉVALUATION ET AIDER LES PERSONNES À LES DÉPASSER ?

Notre histoire s'articule autour d'une chaîne de réussites et d'échecs successifs qui façonnent notre expérience et influencent nos comportements. Dans le prolongement des travaux d'Éric Berne, fondateur de l'analyse transactionnelle, le psychologue américain Taibi Kahler explique que nos actions sont liées à des messages contraignants. Il en dénombre cinq : « Sois parfait », « Sois fort », « Dépêche-toi », « Fais plaisir » et « Fais des efforts ». Enregistrés dans notre subconscient, ces messages influencent nos attitudes et engendrent des blocages qui peuvent prendre différentes formes. Les deux situations suivantes illustrent bien ce processus :

- **sois parfait**. Alexandre est très organisé et a assuré le suivi du projet du journal d'entreprise avec maîtrise, planifiant tout dans les moindres détails. Pourtant, la version finale est restée en suspens plusieurs semaines avant d'être diffusée. Que s'est-il passé ? Pourquoi n'a-t-il finalement pas respecté les délais ? En l'interrogeant durant l'entretien, son n+1 découvre alors qu'Alexandre était sous l'emprise du message contraignant « sois parfait ». Il a passé les dernières semaines à relire la version finale, son besoin de perfection volant la priorité à son sens de la planification ;

- **fais-moi plaisir**. Le directeur a confié la rédaction d'un article urgent à sa subalterne, Lauranne, pour la fin de la semaine. Alors qu'elle envisageait de prendre congé, elle s'est montrée flexible, postposant ce dernier, afin d'à atteindre les nouveaux objectifs. En échange, le manager l'a dispensée de toute autre activité, pour qu'elle puisse se concentrer sur la rédaction de l'article. Le vendredi pourtant, en fin de journée, Lauranne s'énerve devant son ordinateur car elle est loin d'avoir terminé son travail. Que s'est-il passé ? Elle a, en réalité, aidé Gilles à descendre les cartons aux archives, consolé Julie qui venait de rompre, photocopié des dossiers pour Claudine, etc. À force de faire plaisir et de faire passer les autres avant elle, Lauranne n'a pas atteint son objectif.

Afin de dépasser ces messages contraignants et de débloquer la situation, on peut utiliser un message qui délivre « une permission » de fonctionner autrement.

Message contraignant	Permission
Sois parfait	« Tu as le droit de faire des erreurs. »
Sois fort	« Tu as le droit de ressentir des émotions, des sensations. »
Dépêche-toi	« Tu as le droit de prendre ton temps. »
Fais plaisir	« Tu as le droit de vivre selon tes valeurs (et non celles des autres) et de te faire plaisir. »
Fais des efforts	« Tu as le droit d'atteindre tes propres objectifs et aussi de te limiter. »

L'évaluation étant le moment idéal pour déléguer les responsabilités et fixer les objectifs individuels, il paraît utile d'exploiter les avantages que pareille méthode engendre. Confiez dès lors les missions urgentes aux personnes qui répondent au message « dépêche-toi », les missions pointilleuses aux « sois parfait », les projets qui demandent de la ténacité aux profils « sois fort », etc. En tant qu'évalué, valorisez vos faiblesses en soulignant votre souci du détail (sois parfait), votre persévérance (fais des efforts), votre empathie à l'égard de membres de l'équipe (fais plaisir), votre rapidité d'exécution (dépêche-toi) ou encore votre résistance aux situations émotionnelles (sois fort).

À VOUS DE JOUER !

EXERCICE D'AUTO-ÉVALUATION

Afin de vous préparer efficacement à votre entretien d'évaluation, posez-vous les questions suivantes. Elles vous guideront dans votre réflexion et vous aideront à construire vos arguments, à identifier vos objectifs futurs ainsi que les problèmes rencontrés durant l'année précédente, etc.

Poste actuel

- Quelles sont les principales fonctions de votre poste ?

- Parmi vos activités, lesquelles vous plaisent plus particulièrement et lesquelles vous ennuient ?

- Vos activités ont-elles évolué durant la période ?

Événements majeurs de la période concernée

- Quels événements professionnels vous ont semblé particulièrement importants dans votre activité ? Ont-ils joué un rôle positif ou négatif ?

Bilan sur votre activité

- Avez-vous amélioré vos connaissances et compétences au cours de la période ?

- Avez-vous disposé des moyens nécessaires pour développer vos compétences ?

- Êtes-vous satisfait de vos résultats ?

- Qu'est-ce qui a facilité ou freiné l'atteinte de vos objectifs ?

Compétences dans votre poste et amélioration

- Quelles compétences et capacités vous semblent les plus importantes pour bien maîtriser votre poste ?

- Quelles compétences et connaissances pensez-vous pouvoir améliorer ?

- Souhaitez-vous suivre une formation pour développer certaines compétences ?

Objectifs pour l'année à venir

- Quels sont vos principaux objectifs professionnels au niveau individuel et collectif ?

- Quelles conséquences auront ces objectifs sur votre poste, votre équipe, l'entreprise, etc. ?

- Quels sont vos projets d'évolution de carrière ? Aimeriez-vous changer de poste ? Acquérir de plus grandes responsabilités ? Ou au contraire, être déchargé ?

POUR ALLER PLUS LOIN

SOURCES BIBLIOGRAPHIQUES

- BARRIER (Guy), *Les langages du corps en relation d'aide. La Communication non verbale au-delà des mots*, Paris, ESF, 2013.

- BRANSFORD (John D.) et STEIN (Barry S.), *The Ideal Problem Solver: Guide For Improving Thinking, Learning and Creativity*, Wallingford, W. H. Freeman and Company, 1984, p. 12, figure 2.1.

- CAMPBELL (John P.), GASSER (Michael Blake) et OSWALD (Frederick L.), *The Substantive Nature of Job Performance Variability. In Individual Differences and Behavior in Organizations*, San Francisco, Jossey-Bass Publishers, Murphy, K.R. editor, 1996, chapitre 7.

- CARDON (Alain), LENHARDT (Vincent) et NICOLAS (Pierre), *L'analyse transactionnelle*, 2ᵉ édition, Paris, Éditions d'Organisation, 2003.

- DE KETELE (Jean-Marie) et ROEGIERS (Xavier), *Méthodologie du recueil d'informations. Fondement des méthodes d'observation, de questionnaire, d'interview et d'études de documents*, 4ᵉ édition, Bruxelles, De Boeck, 2009.

- DEVITO (Joseph A.), CHASSÉ (Gilles) et VÉZEAU (Carole), *La communication interpersonnelle*, Montréal, Pearson ERPI, 2001.

- EBACHER (Annick), DESBIENS (Danielle) et FOUCHER (Roland), « Les comportements suscitant la confiance des subordonnés. Un examen de trois déterminants possibles », in *Évaluation et développement des compétences au travail*, Louvain-La-Neuve, Presses universitaires de Louvain, 2003, (p. 361-369).

- EISENBERGER (Robert) et STINGLHAMBER (Florence), *Perceived Organizational Support: Fostering Enthusiastic and Productive Employees*, Washington, Magination Press (American Psychological Association), 2011.

- « Fonctionnement », in *Idem commercial*, consulté le 29 août 2015.
http://www.idem-commercial.com/page/1472_process_com_comportement_sous_stress_taibi_kahler_profil_de_personnalite_stress_besoin_psychologique_communication_motivation_perseverant_promoteur_empathique_rebelle_travaillomane_reveur.php

- GAUNAND (Antonin), « Les styles de leadership selon Hersey et Blanchard », in *Antonin Gaunand*, consulté le 29 août 2015.
http://www.antonin-gaunand.com/leadership/les-styles-de-leadership-selon-hersey-et-blanchard/

- Granger (Raphaëlle), « Méthode SMART », in *Manager Go*, juin 2015, consulté le 29 août 2015. http://www.manager-go.com/vente/me-thode-smart.htm

- Guittet (André), *L'entretien. Techniques et pratiques*, Paris, Armand Colin, 2008.

- Jacquet (Stéphane), « Le leadership : un état personnel, des capacités ou une réelle intelligence situationnelle ? Présentation des grands courants d'explication du leadership », in *CREG*, consulté le 29 août 2015. http://www.creg.ac-versailles.fr/IMG/pdf/leardership.pdf

- Jussim (Lee), « Self-Fulfilling Prophecies: A Theoretical and Integrative Review », in *Psychological revieuw*, vol. 93, n°4, octobre 1986, p. 429-445.

- Jussim (Lee) et Harber (Kent D.), « Teacher Expectations and Self-Fulfilling Prophecies: Knowns and Unknowns, Resolved and Unresolved Controversies », in *Personality and Social Psychology Review*, vol. 9, n°2, septembre 2005.

- Lambert (Slim), *Les secrets du leader manager idéal*, Paris, Vuibert, 2006.

- « L'entretien annuel d'évaluation : mode d'emploi », in *Medef*, consulté le 11 août 2015. http://publications.medef.com/MEDEF-rh/Fiche-pratique-entretien-annuel-evaluation-mode-emploi.pdf

- « Les 6 types de personnalité dans la méthode Process communication », in *Motiv RH*, consulté le 29 août 2015.
  http://www.motivrh-formation.com/les-6-types-de-personnalite-dans-le-modele-process-communication

- LÉVY-LEBOYER (Claude), *Évaluation du personnel. Quels objectifs ? Quelles méthodes ?*, 6e édition, Paris, Éditions d'Organisation, 2007.

- LÉVY-LEBOYER (Claude), *Le 360 °. Outil de développement personnel*, Paris, Éditions d'Organisation, 2007.

- STEWART (Ian) et JOINES (Vann), *Manuel d'analyse transactionnelle*, Paris, InterÉditions, 2000.

SOURCES COMPLÉMENTAIRES

- ALEXANDRE-BAILLY (Frédérique), BOURGEOIS (Denis), GRUERE (Jean-Pierre), RAULET-CROSET (Nathalie) et ROLAND-LEVY (Christine), *Comportements humains et management*, 3e édition, Paris, Pearson Éducation, 2009.

- DEVERS (Thomas), *Communiquer autrement*, Paris, Éditions d'Organisation, 1985.

- FISHER (Roger), URY (William) et PATTON (Bruce), *Comment réussir une négociation*, Paris, Seuil, 1982.

- FOURES (éléna), *Comment coacher ?*, Paris, Éditions d'Organisation, 2003.